Made in the USA
Monee, IL
06 June 2023

35346326R00063